KU-189-166

Deutschland
Germany   Allemagne

Städte und Landschaften

Orbis Verlag

© 1990 Orbis Verlag für Publizistik GmbH, München

Alle Rechte vorbehalten. Reproduktionen, Speicherung in Datenverarbeitungsanlagen, Wiedergabe auf elektronischen, fotomechanischen oder ähnlichen Wegen, Funk und Vortrag– auch auszugsweise– nur mit ausdrücklicher Genehmigung des Copyrightinhabers.

Abbildungen: Gesamtdeutsches Institut 20, 22, 36, 61; Greiner & Meyer - Geiersperger 113 - Greiner 10, 17, 23, 32, 40u, 54, 55, 58, 59, 64, 68, 78, 97, 98, 106, 138 - Keller 115 - Meyer 19, 21, 24, 25, 28, 34, 35, 38, 39, 41, 57, 63, 69, 99, 102, 107, 131, 133; Rainer Kiedrowski 11u, 12 (Freigabenr. 38 P 37. Regierungspräs. Düsseldorf), 13, 14/15, 16, 27, 29, 30, 31, 33u, 43, 44, 45, 46, 47, 48, 49, 50, 51 (Freigabenr. 38 L 30. Regierungspräs. Düsseldorf), 52, 66, 67, 71, 72, 73, 74, 75, 76, 77, 79, 80, 81, 83, 84, 85, 86, 87, 88, 89, 90, 91, 92, 93, 100, 101, 104, 105, 108o, 109, 116o, 118/119o/u, 120, 126, 127, 129; Gert Koshofer 9, 40o, 60, 103, 140; Nils Koshofer 65; Klaus Lehnartz 37, 62, 134, 135, 136, 137, 139, 142; Werner Neumeister 94, 95, 110, 111, 117, 123, 124, 125; Prisma Verlag, Fotoservice - B. v. Girard 18, 128 - C. Lauer 11o, 33o, 108u, 116u, 121 - H. Mirschel 132, 141, 143 - M. Oberdorfer 53, 114, 122.
Titel: Gendarmenmarkt/ Französischer Dom, Berlin - Klaus Lehnartz; Schloß Charlottenburg, Berlin - Greiner & Meyer - Meyer

Konzept, Redaktion und Koordination: Prisma Verlag GmbH, München
Texte: Dr. Dieter Maier, Weßling/Hochstadt
Übersetzungen: GAIA TEXT, München
Titel: Prisma Verlag GmbH, München/Orbis Verlag GmbH, München
Layout, Satz: Studio Due GmbH, Siegertsbrunn-München
Repro: Brennerstudio GmbH, Siegertsbrunn-München
Druck, Verarbeitung: Mohndruck Graphische Betriebe GmbH, Gütersloh
Printed in Germany
ISBN 3-572-03223-7

INHALT

Deutschland - Städte und Landschaften

Deutschland - was ist das? Was ist „deutsch"? Wo stecken die heimlichen Reize, die eine Reise durch dieses Land zum unvergeßlichen Erlebnis machen? Sind sie im bekannten oder eher im unbekannten Deutschland zu finden? Manifestieren sie sich in den romantischen Burgen auf steilen Felsen, in der Fachwerkidylle versteckter Dörfer, in der Fülle der Weinberge oder doch in der Architektur und im Leben der großen Städte?

Bereits die Definition dessen, was „deutsch" geographisch und „national" ausmacht, ist nicht ohne Tücken. Immerhin sind es demnächst zwei Jahrtausende, seit die Germanen im Jahre 9 n. Chr. mit der Schlacht im Teutoburger Wald ihren Anspruch auf Selbständigkeit anmeldeten und gleichzeitig das römische Weltreich erschütterten. Seither rissen die Versuche nicht ab, die verschiedenen Stämme zu einem Reich, zu einer Nation zu einigen. Das „Heilige Römische Reich", seit dem 15. Jahrhundert mit dem Attribut „Deutscher Nation", war ein lockerer Verband rivalisierender Einzelherrschaften, von Nation konnte noch lange keine Rede sein.

Der von Bismarck 1871 zusammengeschmiedete Nationalstaat hielt als „Zweites Reich" ganze 47 Jahre, der Wahnwitz des auf 1000 Jahre angelegten „Dritten Reiches" dauerte zwölf Jahre. Ein ständiges Gegeneinander, Durcheinander und immer neue Einigungsversuche bestimmten die Zeiten dazwischen. Nach 1945 entwickelten sich zwei deutsche Staaten, und Österreich, in dem schließlich auch Deutsch gesprochen wird, wurde wieder selbständig. Erst in unseren Tagen finden die beiden deutschen Staaten wieder zueinander, nehmen einen neuen Anlauf zum Wunschtraum einer wirklich dauerhaften, politischen wie nationalen Einheit.

„Vom Fels zum Meer" erstreckt sich das Land, das in diesem Buch vom Wattenmeer an der Küste bis zur Zugspitze und vom Rhein bis an die Oder vorgestellt wird. Es soll in Wort und Bild ein Eindruck von der Vielgestaltigkeit dieses Landes vermittelt werden, die sich in seinen Tälern und Höhen, in den Strömen und Seen, den Dörfern und Städten, in der Kunst und Kultur und nicht zuletzt in den Baudenkmälern von einst und jetzt präsentiert.

Allein die vielfältigen Landschaften des nach der Vereinigung immerhin 357 042 Quadratkilometer großen Landes sorgen für höchst unterschiedliche Ansichten und Eindrücke. 17 Bundesländer deuten noch auf alte Stammeszugehörigkeiten mit all ihren Unterschieden hin. Bedenkt man zudem die Spannweite zwischen dem Deutschland vom Anfang des vorigen Jahrhunderts, dem die „Blaue Blume der Romantik blühte" und das Goethe und Schiller hervorbrachte, und dem Deutschland der Gründlichkeit und technischen Perfektion, das damit zu einem der führenden Industriestaaten der Welt wurde, dann mag manches Einzelmotiv zusätzliche Aspekte gewinnen.

Wo aber ist das alle Deutschen einigende Band? Wo findet man das „deutsche Wesen", das „deutsche Gemüt" oder gar die „deutsche Seele"? Wo zeigt sich das wahre Deutschland? Deutschland ist Anfang der neunziger Jahre die Heimat von 79 Millionen Deutschen, ein Land in dem Tradition und Fortschritt friedlich unter einem Dach beisammen sind, ein Land vor allem, das in seiner Vielfalt und Schönheit selbst dem Weitgereisten noch Überraschungen bietet, ein Land aber auch, das gerade von seinen Gästen geliebt werden möchte.

Germany - Cities and Countryside

L`Allemagne - Villes et Paysages

Germany - what is it, what is „German"? Where are the secret charms that transform a trip through this country into an unforgettable adventure? Are they to be found in known,or in unknown regions? Do they comprise romantic castles atop steep cliffs, pastoral half-timbered cottages in hidden villages, the golden brown lush of the vineyards or the architecture and life of the big cities?

The landscapes of the country alone, which after unification will cover an area of 357,042 square kilometers, will provide the visitor with a vast array of vistas and different views. Despite all their differences, Germany's 17 federal lands bespeak ancient tribal bonds. Germany has come a long way since the early 19th century, when the Romanesque period, which gave birth to Schiller and Goethe, was in full bloom. Comparing it to today's precision and technical perfection, which have turned Germany into one of the leading industrial nations, many an individual motive may take on additional aspects. But where is that bond unifying all Germans? Where is that one „German creature", that one typical „German character" or the „German spirit", for that matter? Where does true Germany manifest itself? Germany in the early nineties is home to 79 million Germans, a country where tradition and progress peacefully unite under one roof, a country, which with its versatility and beauty, holds many surprises in store even for those who have traveled widely, but even more so, it is a country that demands to be loved by its visitors.

Qu'est ce que l'Allemagne - Que signifie „allemand"? Où se trouvent les charmes secrets qui feront que l'on gardera de ce pays un souvenir inoubliable? Les découvrira-t-on dans l'Allemagne qui nous est connue ou plutôt dans celle qui nous est inconnue? Se manifestent-t-ils au travers des châteaux romantiques perchés sur des falaises abruptes, dans les villages perdus dans la nature, au beau milieu des vignobles dorés ou dans l'architecture et la vie trépidante des grandes villes?

Les paysages des plus variés de ce pays, d'une surface qui atteint quand même 357 042 kilomètres carré après la réunification, offrent des impressions d'une très grande diversité. Les 17 lands font allusion aux anciennes appartenances tribales, avec toutes les différences qu'elles comprennent. Si l'on s'imagine l'Allemagne du début du siècle précédent, décrite par Goethe et Schiller, et l'Allemagne de l'esprit de méthode, de cette perfection technique qui l'a propulsée dans le peloton de tête des pays industrialisés, bien des motifs prennent un nouvel aspect. Mais quel est le lien qui réunit tous les Allemands? Où trouve-t-on „l'être allemand", la „sensibilité allemande" ou même „l'âme allemande"? Où se dévoile la véritable Allemagne? En ce début des années 90, l'Allemagne abrite 79 millions d'habitants, dans un pays où les traditions et le progrès cohabitent paisiblement sous un toit, un pays surtout qui, dans sa diversité et sa beauté, offre encore bien des surprises à ceux qui ont parcouru un long chemin pour venir le visiter, mais aussi un pays qui aimerait être aimé par ses invités.

Von Borkum bis Rügen

Küsten an Nord- und Ostsee

„Meerumschlungen" ist Schleswig-Holstein, jene schmale Landbrücke zum dänischen Nachbarn im Norden trennt mit ihrem Geestkern die Nordsee von der Ostsee. Zwei völlig unterschiedliche Küstenregionen prägen das Landschaftsbild.

Im Westen schuf die Nordsee über Jahrmillionen mit dem Wattenmeer das größte amphibische Land der Welt. Die Nord- und Ostfriesischen Inseln sind ebenso wichtige Bollwerke gegen den „Blanken Hans" wie die von Menschenhand geschaffenen Deiche vor den teilweise unter Meeresniveau gelegenen fetten Marschen. Königin der Deutschen Bucht aber ist die rote Buntsandsteininsel Helgoland. Ganz anders präsentieren sich die Strände an der Ostsee. Hier gibt es weder einen nennenswerten Tidenhub noch allzu aggressive Wogen. Die Küste ähnelt eher dem Ufer eines riesigen Binnensees, an dem flachere und steilere Uferabschnitte abwechseln. Perle der Ostseeküste ist natürlich nach wie vor die Insel Rügen mit ihren weltberühmten Kreidefelsen.

Im Sommer verwandeln sich beide Küsten in ein riesiges Freizeit- und Ferienparadies. Aus idyllischen Fischerdörfern sind längst moderne Ferienzentren geworden, die im Kontrast zum eher verträumten Hinterland stehen. Die Deutsche Bucht ist auch Deutschlands „Tor zur Welt". Zwar liegt Hamburg mit dem größten Hafen des Landes rund 80 Kilometer elbaufwärts im Binnenland, doch hat das über ein Jahrtausend hinweg der seemännisch geprägten Tradition der Hansestadt nie geschadet. Lübeck und Rostock sind nicht weniger liebenswerte Beispiele dieser Mischung aus Traditionsbewußtsein einerseits und weltoffener Toleranz andererseits.

Schleswig-Holstein is surrounded by water: This narrow strip of land separates the North Sea from the Baltic, its landscape comprising two completely different coastal regions.
Both coasts metamorphose into a giant holiday resort in summer: Pastoral fishing villages have long since become modern tourist magnets. Although Hamburg, with the country's largest harbour, is located some 80 km inland up the Elbe, its seagoing character has remained intact for over a thousand years. Lübeck and Rostock are equally charming examples of the respect for tradition successfully wedded to cosmopolitan liberalism.

Le Schleswig-Holstein est entouré par la mer. Ce pont de terre étroit vers les voisins danois, au nord, sépare de ses plateaux sablonneux la mer du Nord de la mer. Deux régions côtières très Baltique différentes caractérisent le paysage. Les deux côtes se transforment en été en un immense paradis de loisirs et de vacances. Les vieux ports de pêche sont depuis devenus des centres de loisirs modernes contrastant avec le charme de l'arrière-pays. La Baie allemande est également „La porte vers le monde" de l'Allemagne. Hamburg a depuis plus de mille ans des traditions très marquées.

Die sagenumwobenen Kreidefelsen von Rügen haben Deutschlands größte Insel berühmt gemacht • Rügen's legendary chalk cliffs have made Germany's largest island famous • Les falaises de craie riches en légendes de Rügen ont rendu cette île célèbre, la plus grande d'Allemagne

Links: Die Greetsieler Zwillingsmühlen sind der Stolz des ostfriesischen Fischerdorfes • Left: Greetsiel's twin mills are the pride of the East Frisian fishing village • A gauche: Les moulins à vent de Greetsiel font la fierté de ce village de pêcheurs frison

Unten: Bei Ebbe läßt sich das Watt zu Fuß oder mit dem Pferdewagen erobern • Below: At low tide the mud flats may be reached on foot or by horsedrawn vehicle • Ci-dessous: Les hauts-fonds découverts par la mer sont un lieu de promenade, à pied ou en calèche

Unten: Die Hansestadt Stade ist bekannt als „Grüne Stadt an der Niederelbe" • Below: The Hanseatic city Stade is known as „the green city on the Lower Elbe" • Ci-dessous: La ville de Hanse Stade est connue sous le nom de „Ville verte de l'Elbe inférieur"

Rechts: Niedersächsischer Bauernhof im „Alten Land" an der Unterelbe bei Stade • Right: Lower Saxon farm in the „old country" on the Lower Elbe near Stade • A droite: Ferme de Basse Saxe dans le „vieux pays" près de Stade, sur l'Elbe inférieur

Die Freie und Hansestadt Hamburg wurde durch ihren leistungsfähigen Hafen „Deutschlands Tor zur Welt"; 60 Hafenbecken bieten rund 100 Kilometer Kailänge • Its efficient harbor has made the Free Hanseatic city of Hamburg „Germany's door to the world"; 60 harbor basins offer approximately 100 kilometers of wharf • La ville de Hambourg est devenue, grâce à son port, „la porte de l'Allemagne sur le monde", 60 bassins représentant une longueur de quais de près de 100 kilomètres

Rechts: Das Wasserschloß Glücksburg wurde von Herzog Johann von Sonderburg ab 1553 errichtet • Right: The moated castle Glücksburg was erected by Duke Johann von Sonderburg in 1553 • A droite: La construction du château de Glucksburg a commencé en 1553 sous l'égide du duc Johann von Sonderburg

Unten: Die Segelregatten während der Kieler Woche sind für Segler das Ereignis des Jahres • Below: The sailing regattas during „Kieler Woche" are the year's highlight for yachtsmen • Ci-dessous: Les régates, pendant la semaine de Kiel, sont l'événement de l'année pour tous les sportifs de la voile

Das Holstentor in Lübeck wurde bis 1478 errichtet und ist das Wahrzeichen der ehemaligen freien Reichsstadt und „Königin der Hanse" • The Holstentor in Lübeck was completed in 1478 and is the former free imperial town's most famous landmark • La Holstentor de Lubeck a été achevée en 1478. Elle est le symbole de cette ancienne ville de l'empire et „reine de la Hanse"

Der alte Fischereihafen in Wismar hat sich seine malerische Beschaulichkeit bis heute erhalten • The old fishing port of Wismar has preserved its picturesque tranquility until today • Le vieux port de pêcheurs de Wismar a conservé jusqu'à nos jours sa quiétude pittoresque

Rechts: Von Altefähr auf Rügen präsentiert sich das kulturhistorische Kleinod Stralsund mit der 1382 begonnenen Marienkirche am schönsten • Right: The cultural and historical jewel Stralsund with St. Mary's Church (begun in 1382) is best viewed from Altefähr on Rügen • A droite: Stralsund, trésor de culture historique, avec son église dédiée à Marie, se découvre sous son meilleur aspect à partir d'Altefähr, sur Rügen

Unten: Giebelhäuser verschiedener Stilepochen säumen die Kröpeliner Straße in Rostock • Below: Gabled houses of different periods line the Kröpeliner Straße in Rostock • Ci-dessous: Les maisons à pignon de diverses époques bordent la rue Kröpelin à Rostock

Unten: Die Küste beim Seebad Heringsdorf präsentiert sich als typischer Ostseeküstenstreifen • Below: The beach of the seaside resort Heringsdorf is a typical coastal strip on the Baltic • Ci-dessous: La côte, non loin de la station balnéaire d'Heringsdorf présente une bande côtière de la mer Baltique typique

Rechts: Der markante Turm des Domes St. Nikolai in Greifswald überragt alte, frisch restaurierte Giebelhäuser • Right: The striking tower of St. Nikolai's Cathedral in Greifswald rises above old gabled houses • La tour caractéristique du dôme St. Nikolai, à Greifswald, domine toutes les maisons à pignon

Der Peene-Strom trennt die Halbinsel Usedom vom Festland. Die weiten Buchten bergen viele malerische Winkel • The Peene River separates the peninsula Usedom from the mainland. The broad bays harbor many picturesque nooks • Le fleuve Peene sépare la presqu'île d'Usedom de la terre ferme. Les grandes baies abritent de nombreux endroits pittoresques

Der auf Stelzen stehende Strandpavillon des Seebades Ahlbeck auf Usedom strahlt nostalgischen Reiz aus
• The beach pavillion at the seaside resort Ahlbeck on Usedom is built on stilts and has a nostalgic charm
• Sur Stelzen, il émane un charme nostalgique de ce pavillon de plage de la station balnéaire d'Ahlbeck sur Usedom

Vom Emsland bis zur Mecklenburgischen Seenplatte

Das Norddeutsche Tiefland

Weite Marschen und flache Geestrücken, ausgedehnte Heidelandschaften und eine ausgedehnte Seenplatte sind die Kennzeichen des Norddeutschen Tieflandes. Trotz intensiv betriebener Landwirtschaft gibt es hier noch viel unberührte Natur und in den Dörfern und Kleinstädten so manchen romantischen Winkel.

Im äußersten Westen fließt die Ems durch weite Moor- und Wiesengebiete. Das schöne Ammerland steht für ausgedehnte Rhododendronkulturen und schmackhaften Schinken. Ostfriesland schließlich ist die Heimat der fettesten Kühe. Hier entdeckt man auch die schönsten Windmühlen. Das Zwischenahner Meer ist der größte Binnensee dieser Region.

Zwischen dem Unterlauf der Weser und der unteren Elbe erstrecken sich zwei Landstriche, die unterschiedlicher nicht sein könnten. Während das Alte Land im Norden als größtes geschlossenes Obstbaugebiet Deutschlands im Frühjahr in einem Blütenmeer versinkt, lockt weiter im Süden die Lüneburger Heide mit ihrer herben Schönheit.

Östlich der Elbe ist es nicht mehr weit hinüber zur Mecklenburgischen Seenplatte mit ihren kuppigen Grundmoränen und den darin eingestreuten Seen. Nirgendwo sonst in ganz Deutschland gibt es so viele auf so engem Raum.

Geistiges Zentrum der Norddeutschen Tiefebene war Bremen, das bei der Verbreitung des Christentums im Ostseeraum und in Skandinavien eine wichtige Rolle spielte. Als Mitglied der Hanse erreichte es Weltgeltung. Sein liebenswerter Marktplatz kündet bis heute von diesen glanzvollen Zeiten.

The North German Lowlands are characterized by wide expanses of marshland, flat sandy 'Geest', vast moors and a substantial lake district.
To the north, Germany's largest fruit-growing area sinks in a sea of blossoms in spring; to the south, the Lüneburg Heath attracts visitors with its austerely beautiful landscape. To the east of the River Elbe lies Mecklenburg's Lake District, with its ground moraines and numerous lakes.
Bremen, the intellectual hub of the Lowlands, played a major role in spreading the Christian Faith throughout the Baltic area and Scandinavia.

Les marais, landes, garrigues et lacs caractérisent les contrées basses du nord de l'Allemangn, que les arbres fruitiers transforment en une mer de fleurs au printemps. Plus au sud, la Lüneburger Heide séduit par sa beauté sévère. Tout près de là, à l'est de l'Elbe, s'étend la région des lacs aux moraines arrondies de Mecklenburg. On ne peut trouver nulle part ailleurs en Allemagne une telle diversité sur si peu de surface. Brème, autrefois membre de la Hanse, possédait une signification internationale. Sa place du marché rappelle des temps glorieux.

Schäfer und Schafe sind typisch für die Lüneburger Heide • Shepherds and flocks of sheep are typical sights in the Lüneburg Heath • Pâtres et moutons sont un tableau typique de la Lüneburger Heide

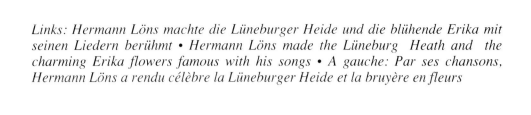

Links: Hermann Löns machte die Lüneburger Heide und die blühende Erika mit seinen Liedern berühmt • Hermann Löns made the Lüneburg Heath and the charming Erika flowers famous with his songs • A gauche: Par ses chansons, Hermann Löns a rendu célèbre la Lüneburger Heide et la bruyère en fleurs

Unten: Die fetten Marschwiesen Ostfrieslands sind ideale Kuhweiden • Below: East Frisia's thick marshlands are ideal pastures for cows • Ci-dessous: Les prairies grasses des marches de la Frise de l'est sont des pâturages idéals

Rechts: Der Bremer St. Petri Dom geht auf das 8. Jahrhundert zurück und war die Mutterkirche für die Christianisierung Norddeutschlands • Right: Bremen's St. Petri Cathedral dates back to the 8th century and was the mother-church in Christianizing North Germany • A droite: Le dôme St. Petri de Brème date du 8è siècle et fut l'église maternelle du christianisme en Allemagne du nord

Unten: Der 560 Jahre alte „Roland" ist als Symbol der Bürgerfreiheiten das Wahrzeichen der Hansestadt Bremen • Below: Symbolizing civilian liberty, the 560-year-old „Roland" is the landmark of the Hanseatic city of Bremen • Ci-dessous: Le „Roland", vieux de 560 ans, est le symbole des libertés bourgeoises de la ville de Hanse de Brème

Links: Das Löwenstandbild ziert den Braunschweiger Burgplatz • Left: The lion's statue adorns Braunschweig's Burgplatz • A gauche: La statue du lion parè la place du château de Braunschweig • Mitte: Das Zeughaus im niedersächsischen Wolfenbüttel stammt aus dem 17. Jahrhundert • Middle: The arsenal in the Lower Saxon town of Wolfenbüttel dates back to the 17th century • Au centre: L'arsenal de Wolfenbüttel, en Basse Saxe, date du 17è siècle • Unten: Die Gartenanlagen von Schloß Herrenhausen gehen auf 1666 zurück • Below: Herrnhausen Castle's parks were laid out in 1666 • En bas: Les jardins du château d'Herrenhausen datent de 1666

Rechts: Das Schloß zu Celle war von 1371 bis 1705 die herzogliche Residenz des lüneburgischen Welfenhauses • Right: The castle in Celle was the ducal residence of Lüneburg's ruling family, the Welfen, from 1371 till 1705 • A droite: Le château de Celle fut, entre 1371 et 1705, la résidence princière de la maison des Welfen de Lüneburg

Unten: Der historische Marktplatz von Hildesheim hat mit dem wiedererrichteten Knochenhaueramtshaus seinen alten Glanz zurückerhalten • Below: Hildesheim's historical market square regained its past glory with the renovation of Knochenhauer's official house • Ci-dessous: La place du marché historique d'Hildesheim a retrouvé sa gloire d'antan grâce à la reconstruction de la Knochenhaueramtshaus

Das spätbarocke Schloß Ludwigslust südlich von Schwerin glänzt mit einer Fassadenverkleidung aus Elbsandstein und 40 überlebensgroßen Statuen • The Late Baroque Ludwigslust Castle, to the south of Schwerin, charms with a renovated façade of Elbe sandstone and 40 larger-than-life-sized statues • Le château néo-baroque Ludwigslust, au sud de Schwerin, brille par sa façade en grès de l'Elbe et ses 40 statues grandeur nature

Das Schweriner Schloß zählt mit seinem fünfeckigen Grundriß, seinen 15 Türmen und zahllosen Zacken und Spitzen zu den schönsten Bauwerken des Historismus • Schwerin Castle, with its five-cornered ground plan, its fifteen towers, and numerous sharp turrets is one of the region's most beautiful historic buildings • Le château de Schwerin, avec sa base pentagonale, ses 15 tours et ses innombrables créneaux et flèches, compte parmi les plus beaux ouvrages de l'Historisme

Bei den Bürgerhäusern am Güstrower Markt überwiegt der Klassizismus • Classicism is predominant in the residential houses of Güstrower Markt • Le maisons bougeoises du marché de Güstrow datent surtout du classicisme

Das Barockschloß Rheinsberg erhielt europäische Berühmtheit, als es ab 1736 Wohnsitz des Kronprinzen Friedrich wurde • The Baroque Rheinsberg Castle became famous in Europe when Crown Prince Friedrich made it his residence in 1736 • Le château baroque de Rheinsberg a acquis une célébrité européenne en devenant la résidence du prince héritier Friedrich à partir de 1736

Oben: Stiller Winkel an der Müritz • Top: Peaceful corner on the Müritz • Ci-dessus: Quiétude du paysage sur la Müritz • Unten: Baumalleen prägen das Straßenbild auf Rügen • Below: Alleys lined with trees are a typical sight on Rügen • Ci-dessous: Des allées boisées marquent le paysage de Rügen

Rechts: Das malerische und gut erhaltene Schloß Klink an der Müritz ziert den größten der Mecklenburger Seen • Right: Klink Castle on the Müritz adorns the largest of Mecklenburg's lakes • A droite: Le château Klink sur la Müritz orne le plus important des lacs de Mecklenburg

Zwischen Rhein und Weser

Industrierevier mit grünem Umland

Nordrhein-Westfalen ist das bevölkerungsreichste Bundesland. Seit über 150 Jahren ist es das Land der Kohle und des Stahls. Der „Pütt" machte das Ruhrgebiet zu einem der größten Industriereviere Europas. In eigenartigem Kontrast hierzu stehen die weiten Wiesenflächen des Münsterlandes und des Niederrheins sowie die weiten Wälder des Teutoburger Waldes. Heute ist über der Ruhr der Himmel wieder blau, und eine Rundfahrt durch den Duisburger Hafen, mit 20 Hafenbecken der größte Binnenhafen der Welt, wieder ein Vergnügen.

Trotz aller Industrialisierung ist das Land geschichtsträchtig wie kaum ein zweites. In Aachen versammelte Karl der Große, der Begründer des abendländischen Kaisertums, die Geistesgrößen seiner Zeit und löste die karolingische Renaissance aus, von der Impulse auf Geist und Kultur in Europa ausgingen. Bei Detmold im Walde schlug Hermann der Cherusker die Römer, in der Pfalz zu Paderborn empfing Karl der Große den Papst. Noch heute repräsentieren die Wasserschlösser des Münsterlandes den Lebensstil des Feudaladels. Kloster Corvey war Zentrum der Christianisierung ganz Norddeutschlands. Der Dom zu Köln wurde 1248 als damals größter Kirchenbau der Christenheit begonnen, seine Fertigstellung gelang im Jahr 1880.

Ein Kuriosum für sich ist das kleine, von den Römern im Jahre 12 n.Chr. am Rhein gegründete Bonn. Seit 1949 ist die Geburtsstadt Ludwig van Beethovens Sitz der Bundesregierung und damit jüngste Hauptstadt Europas. Die „Ehre" wird ihr allerdings Berlin wohl wieder streitig machen. Bleiben werden nur einige Betonmonumente zwischen den Barockbauten aus kurfürstlicher Zeit.

North Rhine-Westphalia is the most populous federal land.
Despite the changes wrought by industrialization in the region, no other land can challenge its historical richness. Charles the Great, founder of the Western Empire, gathered the great minds of his time in Aachen, sparking the Carolingian Renaissance, which so influenced the subsequent European culture and thought. Hermann the Cheruscan defeated the Romans near Detmold, Charles the Great received the Pope in Paderborn in the Palatinate.
The Cologne Cathedral, begun in 1248 and completed in 1880, was to become Christendom's largest church.

La Rhénanie-du-Nord-Westphalie est le land le plus peuplé. Malgré l'industrialisation, il a su préserver son histoire comme aucun autre. Charlemagne, le fondateur de l'empire d'orient, rassembla à Aachen les grands penseurs de son temps et déclencha la renaissance carolingienne. Hermann le Chérusque s'imposa devant les Romains à Detmold im Wald, Charlemagne reçut le pape à Paderborn. Le dôme de Cologne, commencé en 1248 pour devenir la plus grande église de la chrétienté, fut terminé en 1880. Cologne est également la ville natale de Ludwig van Beethoven.

Das Bergbaumuseum in Bochum erinnert daran, daß hier einst das Herz des Ruhrgebiets schlug • The mining museum in Bochum calls to memory that this was once the very heart of the Ruhr District • Le musée des mines de Bochum nous rappelle que c'est ici que battait naguère le coeur de la Ruhr

Die Gesetze der Schwerkraft scheinen in dem 43 Meter hoch aufragenden, lichten Raum des Kölner Doms überwunden zu sein • The 43-meter-high ceiling of Cologne's Cathedral appears to defy the laws of gravity • Les lois de la pesanteur semblent être surmontées au sommet des 43 mètres de la nef du dôme de Cologne

Unter Kaiser Wilhelm I. wurde der Kölner Dom 1880 nach über 600-jähriger Bauzeit fertiggestellt • After 600 years in construction, the Cologne Cathedral was completed in 1880 under Emperor Wilhelm I • La construction du dôme de Cologne, achevée en 1880 sous l'empereur Wilhelm 1er, aura duré plus de 600 ans

Die Duisburger „Industrieskyline" ist bei Nacht am eindrucksvoll-sten. „Kumpel Anton" ist bekannt dafür, daß er kein Blatt vor den Mund nimmt • Duisburg's industrial skyline is most impressive at night. „Kumpel Anton" is known for his honesty • C'est la nuit que le „skyline industriel" de Duisburg est le plus impressionnant. Le „mineur Anton" est connu pour ne pas mâcher ses mots

Das ausrangierte Förderrad in Gladbeck erinnert an so manches stillgelegte Bergwerk. Viele von ihnen wurden inzwischen zu Industriemuseen umgewandelt • The discarded wheel in Gladbeck reminds us of many a closed mine. In the meantime, many former pits have been turned into industrial museums • La roue d'extraction à la retraite de Gladbeck rappelle la fermeture de nombreuses mines. Nombre d'entre-elles ont été transformées en musées.

Die Kühltürme bei Hamm stehen auch für den Versuch, Luftverunreinigungen bei der Energieerzeugung zu vermeiden • The cooling towers are part of a program to avoid air pollution during power generation • Les tours de refroidissement, près de Hamm, témoignent de la volonté d'éviter la pollution de l'air lors de la production d'énergie

Rechts: Das Wasserschloß Anholt geht auf das späte 13. Jahrhundert zurück, im 17. Jahrhundert wurde es zum Barockschloß ausgebaut •
Right: The moated castle Anholt dates back to the late 13th century; it was extended and turned into a Baroque castle in the 17th century
• A droite: Le château d'Anholt date de la fin du 13è siècle, il a été transformé en château baroque au 17è siècle

Unten: In der Wasserburg Hülshoff wurde 1797 die Dichterin Annette von Droste-Hülshoff geboren • Below: Poet Annette von Droste-Hülshoff was born in the moated castle of Hülshoff in 1791 • Ci-dessous: La poétesse Annette von Droste-Hülshoff est née en 1797 au château de Hülshoff

Links: Giebelhäuser mit Laubengängen säumen den Prinzipalmarkt, Münsters „gute Stube" • Left: Gabled houses with access galleries skirt the Prinzipalmarkt, Münster's „parlors" • A gauche: Les maisons à pignon, avec leurs arcades, bordent le marché principal, la „bonne adresse" de Münster

Unten: Fachwerkhäuser im alten Kern von Detmold • Below: „Half-timbered" houses in Detmold's older part of town • Ci-dessous: Les maisons à colombages dans le centre historique de Detmold

Rechts: Die Weserlandschaft zwischen Bodenwerder und Polle ist von sanften Hügeln eingerahmt • Right: The Weser landscape between Bodenwerder and Polle is dotted with lovely hills • A droite: Le paysage de la Weser, entre Bodenwerder et Polle, est encadré de basses collines

Unten: Vor dem historischen Rathaus von Hameln finden im Sommer die Rattenfängerspiele statt • Below: Rat-catcher matches are held in summer in front of Hameln's historic town hall • Ci-dessous: Les jeux du „Preneur de rats" se déroulent en été face à l'hôtel de ville historique de Hameln

Zwischen Elbe und Oder

Heimat der Sachsen

Seen, Heidelandschaften und Wälder kenn-
zeichnen die Niederungen im Nordteil des
Landes zwischen Elbe und Oder. Altmark,
Havelland und Schorfheide sind bekannte
Landschaften. Im Zentrum liegt Berlin die
alte und bald wohl wieder neue Hauptstadt
Deutschlands. In diesem Raum entstanden
aber auch riesige Industriekomplexe wie
Schwedt und Eisenhüttenstadt. Der Spreewald
mit seinen rund 300 Flußarmen und unbe-
rührten Auwäldern bildet eine willkommene
Erholungsmöglichkeit. Auch Magdeburg und
Dessau entwickelten sich vor allem durch
Schwermaschinenbau zu industriellen Zen-
tren. Nur die Magdeburger Börde blieb, was
sie immer war: die sprichwörtlich fruchtbare
Kornkammer und ein bedeutendes Gemüse-
und Obstbaugebiet.

Glaubt man den Berlinern, dann wohnen südlich nur noch „Sachsen". Leipzig und Dresden sind hier die Metropolen, August der
Starke war der legendäre Herrscher. Musik
scheint in der Landschaft zu liegen, wirkten
hier doch Musiker wie Johann Sebastian Bach,
Heinrich Schütz, Robert Schumann, Felix
Mendelssohn-Bartholdy und Richard Wagner.
Dank seiner zentralen Lage und seiner Bo-
denschätze war Sachsen seit jeher prädestiniert
zum Handelszentrum. Die alte Kaufmanns-
und Messestadt Leipzig ist bis heute ein
wichtiger Handelsplatz, die Leipziger Messe
gibt es seit über 750 Jahren.

Die Residenzstadt Dresden errang als „Elb-
Florenz" Weltruhm mit dem Zwinger und der
Semper-Oper. Im 1000jährigen Meißen steht
die älteste deutsche Porzellanmanufaktur.
Weimar ist als Lebenszentrum von Johann
Wolfgang von Goethe das Synonym für die
deutsche Klassik.

The lowlands in the northern part of the
region between Elbe and Oder are
characterized by lakes, heaths and forests.
The Spree Forest with its river branches and
untouched lowland forests offers a welcome
oppertunity to rest.
Thanks to its central location and resources,
Saxony was predestined to become a trade
center. Leipzig has remained an important
commercial center until today; its fair has
been held for over 750 years.
Dresden became world-famous as „Elb-
Florence" with the „Zwinger" and Semper's
opera house. Germany's oldest porcelain
factory is in Meißen. Weimar, Goethe's
residence, is a synonym for German classics.

Les lacs, les paysages de landes et de forêts
caractérisent le nord du land, entre l'Elbe et
l'Oder. Grâce à sa situation géographique et
aux richesses de son sol, la Saxe a depuis
toujours été prédestinée à devenir un centre de
commerce. Leipzig, ville de marchands et de
foires, est aujourd'hui encore un centre
d'échanges important. Sa foire existe depuis
déjà 750 ans. La ville de Dresde a connu une
grande renommée sous le nom de „Florence
de l'Elbe". Meißen, vieille de 1000 ans, abrite
la fabrique de porcelaine la plus ancienne
d'Allemagne. Weimar, patrie de Goethe, est
synonyme de classicisme allemand.

*Das kurfürstliche Jagdschloß Moritzburg nord-
westlich von Dresden ist berühmt für sein Barock-
museum • The hunting seat, Moritzburg, to the
north-west of Dresden, is known for its Baroque
museum • Le château de chasse de l'électorat
princier de Moritzburg, au nord-ouest de Dresde,
est célèbre pour son musée baroque*

Unten: Tangermünde von einem Elbseitenarm ausgesehen • Below: Tangermünde, as viewed from one of the river Elbe's subsidiary branches • Ci-dessous: Une vue de Tangermünde à partir d'un affluent de l'Elbe

Rechts: Das Wassertor und die Pfarrkirche St. Stefan gehören zum mittelalterlichen Kern von Tangermünde • Right: The water gate and parish church of St. Stefan are part of Tangermünde's medieval center • A droite: La Wassertor et l'église paroissiale St. Stefan font partie du noyau moyenageux de Tangermünde

Rechts: Hinter dem Museumsschiff „Württemberg" ragen die Türme des Magdeburger Domes in den Himmel • Right: The towers of Magdeburg's Cathedral rise into the sky behind the museum ship „Württemberg" • A droite: Les tours du dôme de Magdeburg s'élèvent dans le ciel, derrière le bateau musée „Württemberg"

Unten: Das Lessingdenkmal vor dem Universitätshochhaus in Leipzig • Below: Lessing monument in front of university high-rise in Leipzig • Ci-dessous: La statue de Lessing, devant la tour de l'université de Leipzig

Links: In den schützenden Mauern der Wartburg konnte Martin Luther die Bibel übersetzen • Left: Martin Luther could translate the Bible behind Wartburg's protective walls • A gauche: Martin Luther traduisit la Bible au sein des murs protecteurs de Wartburg

Unten: Gasse in der Thomas-Müntzer-Stadt Mühlhausen • Below: An alley in Thomas Müntzer's city, Mühlhausen • En Bas: Ruelle de Mühlhausen, ville de Thomas Müntzer

Schloß Pillnitz bei Dresden diente den sächsischen Königen als Sommerresidenz und Lustschloß • Pillnitz Castle, near Dresden, was the summer residence and pleasure palace of Saxon kings • Le château Pillnitz, près de Dresde, était la résidence d'été et le château de plaisance des rois de Saxe

Berühmtestes Baudenkmal Dresdens ist der Zwinger, ursprünglich der Festspielplatz des Hofes • Zwinger is Dresden's most famous architectural monument, originally the court's site for festivals • Le Zwinger est le monument le plus célèbre de Dresde, à l'origine le lieu des festivités de la cour

Die um 929 gegründete Albrechtsburg, das bischöfliche Schloß und der Dom beherrschen den Burgberg von Meißen • The Albrechtsburg, built around 929, the bishop's castle and the cathedral dominate Meissen's castle hill • L'Albrechtburg, fondé vers l'an 929, le château épiscopal et le dôme dominent la ville de Meißen

Eine Kahnfahrt durch den Spreewald ist stets eine erlebnisreiche Entdeckungsreise • A boat trip through the Spreewald is always an adventurous voyage of discovery • Une promenade en barque au travers du Spreewald est toujours un voyage de découvertes riche en sensations

Rechts: Bautzen ist seit 1000 Jahren Zentrum der Oberlausitz. Das Stadtpanorama zeigt (von links) die Alte Wasserkunst, die Michaeliskirche und den Petridom • Right: Bautzen has been the center of Oberlausitz for a thousand years. The city skyline (left) displays the Alte Wasserkunst, the Michaelis Church and the Petridom • A droite: Bautzen est depuis un millénaire le siège des Oberlau. Le panorama découvre (à partir de la gauche) la vieille Wasserkunst, l'église Michaelis et le dôme Petri

Unten: Die romantischen Lauben in Görlitz an der Neiße stammen aus der Spätgotik • Below: The romantic summer houses in Görlitz on the river Neisse • Ci-dessous: Les arcades romantiques de Görlitz sur la Neiße datent du néo-gothique

Vom Rhein zum Wein

Im Land der Reben

„Der Wein ist unter den Getränken das nützlichste, unter den Arzneien die schmackhafteste und unter den Nahrungsmitteln das angenehmste." Die weise Erkenntnis des Römers Plutarch ist so alt wie der Weinbau in Deutschland. Um den mühseligen Transport des Weins in Amphoren über die Alpen zu sparen, pflanzten die Römer in ihrem gesamten Herrschaftsgebiet links des Rheins, an der Mosel und in der Pfalz im 2. Jh. n. Chr. römische Reben und lehrten die Germanen das Vergnügen am edlen Rebensaft. Da die Römer zugleich das Christentum und damit das Abendmahl nach Germanien brachten, trat der Rebensaft zusammen mit der neuen Religion alsbald den Siegeszug durch ganz Deutschland an. Im Mittelalter übernahmen die Klöster und die königlichen Domänen das pflegerische Erbe des Weinbaus. Karl der Große versuchte erstmals den Weinbau systematisch zu betreiben. Er war es auch, der in den Auwäldern des Oberrheins die Suche nach den besten Wildbeeren veranlaßte. Damals schlug die Geburtsstunde für die Königsrebe unter den deutschen Rebsorten: den Riesling.

Heute ist Rheinland-Pfalz das Weinland. Hier liegen sechs der elf deutschen Weinbaugebiete. Rheinland-Pfalz und Rheinhessen zusammen besitzen fast die Hälfte des deutschen Reblandes. Der Riesling von den Steillagen an der Mosel kann mühelos mit den besten Weinen der Welt konkurrieren, die Spätburgunder von der Ahr brauchen den Vergleich mit besten Kredenzen aus Frankreich nicht zu scheuen. Der Silvaner der Franken, der Trollinger der Schwaben und der Weißherbst vom badischen Kaiserstuhl oder vom Bodensee sind von Kennern hochgeschätzte Spezialitäten.

„Wine is the most useful of beverages, the most palatable of cures and the most pleasant of foods." The wisdom of Plutarch is as old as German viticulture.
Today, Rhineland-Palatinate is the wine-producing region of Germany. Six of Germany's eleven wine growing areas are located here. Almost half of the country's vineyards are in Rhineland-Palatinate and Rhine-Hesse. Riesling grown on steep hills along the Mosel competes easily with the best wines in the world; the late Burgundy of Ahr need not shrink from comparison with the best France has to offer.

„Le vin est la plus utile de toutes les boissons, le meilleur de tous les médicaments et l'aliment le plus agréable." Cette sagesse prononcée par le romain Plutarque est aussi ancienne que la vigne en Allemagne. La Rhénanie-Pala- tinat est le plus grand land vinicole. Le Palatinat et la Hesse possèdent à eux deux presque la moitié des vignes du pays. Les Rieslings de Moselle ne craignent aucune concurrence, tout comme les Spätburgunder du Ahr. Les Silvaners de Franconie, les Trollingers souabes et le Weißherbst du Bade ou du Bodensee sont des vins appréciés des gourmets.

Große Holzfässer in tiefen Gewölben - hier gewinnt deutscher Wein seine Reife • Large wooden vats in deep vaults are where German wine becomes ripe • De gros fûts de bois sous des voûtes profondes. C'est ici que le vin allemand mûrit

Die verwinkelte Burg Eltz, im Waldgelände hoch über dem Moseltal versteckt, ist seit 800 Jahren im Familienbesitz • Hidden in forests high above the Mosel valley lies Eltz Castle, which has been owned by one family for 800 years • Le château d'Eltz, caché dans une forêt surplombant la Moselle, est une propriété familiale depuis 800 ans

Das Corps de logis des Barockschlosses Neuwied wurde 1756 vollendet • The Baroque Neuwied Castle's corps de logis was finished in 1756 • Le corps de logis du château baroque de Neuwied fut terminé en 1756

Die Zollburg Pfalzgrafenstein im Rhein vor Kaub entstand ab 1325 im Auftrag Kaiser Ludwig des Bayern
• The Pfalzgrafenstein Castle in the river Rhine near Kaub was commissioned by Emperor Louis in 1325
• Le château douanier de Pfalzgrafenstein au milieu du Rhin, face à Kaub fut commencé en 1325 sous l'ordre de l'empereur Louis le Bavarois

Heinrich Heine machte die 132 Meter hoch über den Rhein aufragende Loreley mit seiner Ballade von der Zauberin, die die Menschen ins Verderben lockt, berühmt • Heinrich Heine made Loreley, a 132-meter-high cliff towering over the Rhine, famous in his ballad about a witch who brings ruin upon people • Heinrich Heine rendit la Loreley, surplombant le Rhin à 132 mètres de hauteur, célèbre avec sa ballade de la magicienne poussant les hommes à leur perte.

Rechts: Die Weinlese zeigt, ob Winzer und Wetter für einen guten Jahrgang gesorgt haben • Right: The vintage shows whether the weather and vintners have managed to wind up a good wine year • A droite: La dégustation montre si les viticulteurs et le temps ont produit un bon crû

Unten: Der beste Rebensaft kann nicht gedeihen ohne die Kunst des Kellermeisters. Erst nach langer Reifezeit kann der neue Wein probiert werden • Below: Even the best of grape juices cannot thrive without the cellerman's art: The new wine can be tasted only after a long fermentation period • Ci-dessous: Le meilleur jus de raisin ne peut se développer sans l'art du sommelier. Le vin nouveau ne peut être goûté qu'à l'issue d'une longue période de maturité

Rechts: Schloß Ludwigshöhe entstand als Sommerresidenz für König Ludwig I. von Bayern • Right: Ludwigshöhe Castle was built to be the summer residence of Bavaria's King Louis I • A droite: Le château Ludwigshöhe était la résidence d'été du roi Louis 1er de Bavière

Unten: Bernkastel gehört zu den besonders malerischen Städtchen an der Mosel • Below: Bernkastel is among the most picturesque towns along the river Mosel • Ci-dessous: Bernkastel est une des villes les plus pittoresques sur la Moselle

Links: Die Saarschleife bei Mettlach wirkt wie ein Schelmenstreich der Natur. Die beste Übersicht bietet der Aussichtspunkt Cloef • Left: The Saar Loop at Mettlach looks like a roguish prank played by nature. You can get the best view from the vantage point Cloef • A gauche: Le méandre de la Sarre près de Mettlach donne l'impression d'un tour de la nature. Cloef offre le meilleur point de vue

Unten: Der Dom zu Speyer gehört zum Schönsten, was deutsche Romanik geschaffen hat, und ist eine überwältigende Erinnerung an salische Kaisermacht • Below: The Cathedral at Speyer is one of the most beautiful ones that were created during the German Romantic Period and is an overwhelming reminder of Salian imperial power • Ci-dessous: Le dôme de Spire est ce que l'Allemagne romane a créé de plus beau. Il est également un souvenir grandiose du pouvoir impérial salique

Zwischen Main und Donau

Heimat der Romantik

Wenn die Romantik in Deutschland tatsächlich eine Heimat hat, dann wäre sie im Dreieck zwischen Heidelberg, Würzburg und Nürnberg zu suchen - dort, wo das Mittelalter im 20. Jahrhundert zu finden ist. Hier lebt die Fachwerkidylle, und der Bamberger Reiter kündet vom Idealbild des deutschen Ritters. Vielleicht versteckt sie sich auch eher im Dreieck zwischen der Nürnberger Kaiserburg, der Würzburger Residenz des großen Baumeisters Balthasar Neumann und der imposanten Stammburg der Hohenzollern, in der Preußens großer König Friedrich II., der „Alte Fritz", ruht.

Das württembergisch-fränkische Land zwischen Main und Donau ist jedenfalls ein an Historie überreiches Fleckchen Erde. Zahllose Schlösser, Burgen und Paläste künden von vergangener Fürsten- und Ritterherrlichkeit, reiche Klöster von der früheren Macht der Kirche. Nicht von ungefähr zieht sich die „Romantische Straße" von Würzburg über Rothenburg, Dinkelsbühl und die Fuggerstadt Augsburg bis nach Füssen am Lech.

Im Südwesten schwingt sich dieser so überreiche Landstrich zu den rauhen Höhen des Schwarzwaldes und den sanften Kuppen der Schwäbischen Alb auf. Dichte Fichten- und Tannenwälder, weite Wiesentäler und große Einzelhöfe unter weit heruntergezogenen Krüppelwalmdächern kennzeichnen die Schwarzwälder Landschaft. Ein Naturwunder ganz besonderer Art ist der Durchbruch der jungen Donau durch die Felsen der Schwäbischen Alb. Wände und Zinnen, Nadeln und Grate, Schluchten und Höhlen, dazu ein verschwindender Fluß und über allem hoch oben thronende Raubritterburgen - das alles findet sich zwischen Fridingen und Sigmaringen.

The Württembergian-Franconian Land, located between the Main and the Danube Rivers, is an area rich in history. Numerous manor houses, castles and palaces bear witness to past splendour, rich monastries reveal the former power of the Church. With good reason the „Romantic Road" leads from Würzburg, through Rothenburg, Dinkelsbühl and Augsburg to Füssen on Lech.
Danube cascading down the rocks in the Swabian Alb is a natural wonder of a very special kind. Walls and merlons, needles and ridges, ravines and caves, together with a vanishing river, towered over by majestic robber barons' castles - all enliven the journey from Fridingen to Sigmaringen.

Le land wurtembergeois-franconien, entre le Main et le Danube, est l'une des régions du monde les plus riches en histoire. Châteaux, forteresses et palais rappellent les contés passés et la chevalerie, les riches cloîtres l'ancien pouvoir de l'église. La „Route romantique" ne doit pas son nom au hasard, s'étendant de Würzburg à Füssen sur le Lech, en passant par Rothenburg, Dinkelsbühl et Augsburg. Le passage du Danube au travers des monts suabes, entre les falaises, les pentes couvertes de sapins, les gorges dominées par de vieilles forteresses est un miracle de la nature.

Die Skyline „Mainhattans" wirkt am besten am frühen Abend und von der Obermainbrücke aus • „Mainhattan's" skyline is nicest early in the evening and viewed from the Obermainbrücke • Le gratte-ciel „Mainhattans" produit son meilleur effet en début de soirée, à partir du pont du Main supérieur

Der Frankfurter Römerberg mit seinen steilgiebligen Häusern war der Festraum der Stadt. Hier entfaltete sich bei den Kaiserkrönungen fürstliche Pracht • Frankfurt's Römerberg with its gabled houses used to be the site of festivities in the city. Regal splendor was displayed here during coronations • Le Römerberg de Frankfort, avec ses maisons aux pignons élancés était le lieu de festivités de la ville. Le faste princier s'y épanouissait lors des couronnements impériaux

Vom Philosophenweg schweift der Blick auf die alte Neckarbrücke und das Heidelberger Schloß der Pfälzer Kurfürsten • The eye wanders from the Philosophenweg to the old Neckar Bridge and Palatinate electors' Castle in Heidelberg • A partir du chemin des philosophes, l'oeil s'égare sur le vieux pont du Neckar et le château d'Heidelberg, des princes du Palatinat

Rechts: Der alte Ziehbrunnen im Odenwald verrät, daß die „alte Zeit" so angenehm vielleicht gar nicht war • Right: The old draw well in Odenwald reveals that the „old days" may not have been all that pleasant • A droite: Le vieux puits à chaîne dans l'Odenwald est un signe que le „bon vieux temps" n'était peut-être pas aussi agréable qu'on le pense

Unten: Ein Schloß wie aus dem Märchen: Mespelbrunn im Spessart • Below: A fairy-tale castle: Mespelbrunn in Spessart • Ci-dessous: Un château de conte de fées: Mespelbrunn dans le Spessart

Der achteckige Turm des Karlsruher Schlosses entstand als Mittelpunkt einer radial angelegten Stadt - der Turm als Symbol fürstlicher Gnadensonne • The eight-cornered tower of Karlsruhe's castle was erected as the center of a radially arranged city: The tower symbolizes regal grace • La tour octogonale du château de Karlsruhe, centre d'une ville qui s'est développée tout autour - la tour est symbole des bonnes dispositions princières

Das fürstbischöfliche Schloß in Bruchsal birgt ein „Stiegenhaus", das als die „Krone aller Treppenhäuser des Barock" gilt • The bishop's castle in Bruchsal has a steep and narrow staircase which is considered the finest of all staircases of the Baroque Period • Le château princier de Bruchsal cache un escalier qui passe pour être le „couronnement des escaliers du Baroque"

89

Rechts: Die Höhenzüge des Schwarzwaldes reihen sich wie erstarrte, riesige Wogen aneinander • Right: The Black Forest's range of hills are lined up like gigantic, rigid waves • A droite: Les hauteurs de la Forêt Noire ressemblent à d'énormes vagues figées les unes contre les autres

Unten: Der Vogtsbauernhof stammt aus dem 17. Jahrhundert und birgt noch die vollständige Originaleinrichtung • Below: The governor's farm dates back to the 17th century and still contains the original furniture • Ci-dessous: La ferme de Vogt date du 17è siècle et possède encore l'aménagement d'époque au grand complet

Zentrum des Stuttgarter Schloßplatzes ist die 1841 errichtete Jubiläumssäule. Die Südseite begrenzt das Alte Schloß • The Jubilee Columns, erected in 1841, form the very center of Stuttgart's Schlossplatz. The old castle is located to the south • La colonne du jubilé, érigée en 1841, est au centre de la place du château de Stuttgart. Elle est limitée au sud par le vieux château

Ludwigsburg ist das zweitgrößte Barockschloß Europas und das Werk von Herzog Eberhard Ludwig von Württemberg • Ludwigsburg is Europe's second largest Baroque castle and was built by Duke Eberhard Ludwig of Württemberg • Ludwigsburg est, par sa taille, le deuxième château baroque d'Europe. Il est l'oeuvre du duc Eberhard Ludwig von Württemberg

Tübingen gehört zu den beliebtesten deutschen Universitätsstädten. Mörike und Hegel, Hauff und Hölderlin lebten hier • Tübingen is among the most popular university towns in Germany. Mörike and Hegel, Hauf and Hölderlin once lived here • Tübingen fait partie des villes universitaires allemandes les plus appréciées. Mörike et Hegel, Hauff et Hölderlin y ont vécu.

Die bleichen Kalkfelsen der Nordabbrüche der Schwäbischen Alb leuchten am stimmungsvollsten aus goldenem Herbstlaub • The pale lime cliffs of the northern Swabian Alb sparkle with golden leaves in the autumn • Les falaises calcaires blanches de la faille nord de l'Alb souabe produisent leur meilleur effet sous le feuillage doré de l'automne

Zwischen Harz und Bayerischem Wald

Deutsche Mittelgebirge

Wo Deutschland am schönsten ist, darüber läßt sich streiten. Daß Deutschland im Bereich seiner Mittelgebirge ganz besondere Reize bietet, darüber gibt es keinen Zweifel. Zwischen der herben Kargheit der Norddeutschen Tiefebene und der schroffen Majestät der Alpen läßt das bewaldete Auf und Ab der sanften grünen Höhenzüge das Auge an vielen Orten ausruhen.

Westerwald und Rothaargebirge gehören noch zum Rheinischen Schiefergebirge und heißen wegen der dichten Vertalung auch „Land der 1000 Berge". Ziemlich genau im Zentrum Deutschlands liegt der Harz mit dem 1142 Meter hohen, sagenumwobenen Brocken, jenem schaurigschönen Festplatz der in der Walpurgisnacht tanzenden Hexen. Wernigerode und Goslar sind mit ihren mittelalterlichen Fachwerkhäusern Beispiele für die Wandlung des Harzes vom Erzbergbau zum attraktiven Touristenziel.

Schönster Berg der Rhön ist die „Milseburg", der geschichtsträchtigste aber ist die Wasserkuppe. Sie war 1911 die Geburtsstätte des Segelflugs und ist bis heute das Mekka aller Flugbegeisterten.

Thüringer Wald, Frankenwald, Fichtelgebirge und Erzgebirge ziehen sich im großen Bogen von der Wartburg bis weit hinüber zum Elbsandsteingebirge südlich von Dresden. Hier ist die Heimat der Glasbläser und Porzellanmacher, der Drechsler und der Klöpplerinnen. Nach Süden schließen sich unmittelbar der Oberpfälzer Wald und die Fränkische Schweiz an mit ihren zahlreichen Naturparks, mit ihren weiten Waldgebieten und steilen Felstälern. Der Bayerische Wald kann mit seinem riesigen Bergwaldgebiet um den 1453 Meter hohen Großen Rachel beinahe mit den Alpen konkurrieren.

Germany's highlands offer matchless attractions. The Harz, with its legendary 1142-meter-high mountain is situated almost in the very heart of Germany. Wernigerode and Goslar with their medieval half-timbered houses exemplify the transformation of the Harz from ore mining center to tourist resort. The Thuringian and Franconian Forest, and Fichtel and Erz Mountains fan out in a vast curve from the Wartburg all the way to the Elbsandstein Mountains.
The Upper Palatinate Forest and the Franconian Switzerland, with their wildlife parks, are located to the south.

Il ne fait aucun doute que la région du Mittelgebirge allemand offre des attraits particuliers. Le Harz, dont les sommets culminent à 1142 m, est riche en légendes, telle que la danse des sorcières pendant la nuit du Walpurgis. Wernigerode et Goslar sont des villes moyennageuses qui, autrefois minières, sont aujourd'hui des objectifs touristiques recherchés. La forêt de Thuringe et celle de Franconie, le massif du Fichtel et celui de L'Erz s'étendent de Wartburg au sud de Dresde. La Forêt bavaroise est une immense région boisée culminant à 1453 m.

Die Winter im Harz sind schneereich und lang, aber auch besonders schön • Winters in the Harz are long, snowy and yet especially beautiful • Les hivers dans le Harz sont longs et riches en neige, mais aussi particulièrement beaux

Rechts: Der mittelalterliche Marktplatz von Wernigerode entstand im 13. Jahrhundert, das Rathaus gibt es seit 1543 • Right: Wernigerode's medieval market square was built in the 13th century; the town hall was erected in 1543 • A droite: La place du marché moyenageuse de Wernigerode vit le jour au 13è siècle. L'hôtel de ville existe depuis 1543

Unten: Das Schloß von Wernigerode geht auf eine Grafenburg aus dem 12. Jahrhundert zurück • Below: Wernigerode's castle dates back to the 12th century • Ci-dessous: Le château de Wernigerode, du 12è siècle, est l'oeuvre d'une Grafenburg

Links: Ausgedehnte Wälder, Weide- und Wiesenwirtschaft und wenig Ackerbau - so präsentiert sich das Sauerland • Left: Vast forests, pastures and meadows and only a little agriculture, that is the Sauerland • A gauche: De vastes forêts, des prés et paturages et peu de cultures - tel se présente le Sauerland

Unten: Das mittelalterliche Stadtbild von Freudenberg im Siegerland besticht mit seinen guterhaltenen Fachwerkhäusern • Below: The townscape of Freudenberg in Siegerland is dominated by well-preserved, half-timbered houses • Ci-dessous: L'image de la ville moyenageuse de Freudenberg, dans le Siegerland, séduit par ses maisons à colombages bien conservées

Die „Teufelsmauer" steht bei Thale auf der Ostseite des Harzes • The „Teufelsmauer" (the devil's wall) is located near Thale on the eastern side of the Harz • Le „mur du diable" se trouve près de Thale, à l'est du Harz

Die Kargheit des Thüringer Waldes kommt der Schafzucht entgegen • Sheep-breeding in the Thüringer Forest benefits from the region's barrenness • La pauvreté de la forêt de Thuringe convient parfaitement à l'élevage des moutons

Der besonders stimmungsvolle Kreuzberg ziert eine Kuppe in der Rhön • A rounded hilltop adorns the idyllic Kreuzberg in the Rhön Mountains • Cette crucifixion se trouve sur le Kreuzberg, un sommet du Rhön

Die Hersfelder Festspiele finden in der Ruine der romanischen Stiftskirche statt • Hersfeld's festival is staged in the ruins of a romantic collegiate church • Les jeux de Hersfeld ont lieu dans les ruines de l'église collégiale romane

Von der 200 Meter über der Elbe gelegenen Bastei schweift der Blick weit über die Berge der Sächsischen Schweiz • The view far across the mountains of Saxon Switzerland from the bastion located 200 meters above the Elbe • A partir du bastion perché à 200 mètres au dessus de l'Elbe, le regard se perd sur les montagnes de la Suisse saxonne

Die Sächsische Schweiz in der Gegend von Bad Schandau: Königsstein (links) und Lilienstein (Mitte) dominieren den Horizont • Saxon Switzerland in the area of Bad Schandau; Königsstein (left) and Lilienstein (middle) dominate the horizon • La Suisse saxone dans la région de Bad Schandau: le Königsstein (à gauche) et le Lilienstein (au centre) dominent l'horizon

107

Rechts: Altnürnberger Idylle an der Pegnitz mit Weinstadl, Wasserturm und Henkersteg • Right: Idyllic spot on the river Pegnitz with wine-pub and water tower in the older part of Nürnberg • A droite: L'idylle du vieux Nuremberg sur la Pegnitz, avec ses tavernes, son château d'eau et le ponton du bourreau • Oben: Bamberger Altstadtzeile an der Regnitz • Above: Row of houses along the Pegnitz in old Bamberg • Ci-dessus: La vieille ville de Bamberg sur la Regnitz • Unten: Deutschlands erste Eisenbahn fuhr von Nürnberg nach Fürth • Below: Germany's first railway ran from Nürnberg to Fürth • Ci-dessous: La première ligne de chemin de fer allemande reliait Nuremberg à Fürth

Der Bayerische Wald im Winter - ein Märchen aus Schnee und Eis • The Bavarian Forest in winter a fairytale landscape of snow and ice • La Forêt bavaroise en hiver - une féerie de neige et de glace

Der Bayerische Wald im Sommer - ein Märchen aus Licht und hohem Himmel • The Bavarian Forest in summer-lush meadows and the sky high above lend this landscape a fairy-tale look • La Forêt bavaroise en été - une féerie de lumière et de ciel bleu

Von der Donau zur Zugspitze

Bayerisches Alpenvorland und Bayerische Alpen

Nirgendwo ist Deutschland so imposant wie vor der Kulisse der Alpen, wo sich eine uralte Kulturlandschaft aus blühenden Wiesen, sanft gewellten Hügeln und mittelhohen Bergrücken ausbreitet. Zwischen Lindau und dem Königssee reihen sich die Superlative wie Perlen an der Schnur. Vom freundlichen Oberstdorf mit seinem stolzen Nebelhorn, über Füssen mit dem romantischen Königsschloß Neuschwanstein, über Garmisch mit der gewaltigen Zugspitze bis hinüber nach Berchtesgaden mit dem eindrucksvollen Watzmann und dem malerischen Königssee reicht die Palette.

Nirgendwo sonst hat die barocke Vielfalt der Landschaft einen so direkten Ausdruck im Wesen ihrer Bewohner gefunden. Daß dazu auch ein gutes Verhältnis zum Himmel gehört, verraten die zahlreichen Kirchen und Klöster, angefangen vom Kloster Wessobrunn, aus dem das älteste in Deutschland erhaltene Gebet stammt, bis hin zur schönsten Kirche des Spätbarock, der von Dominikus Zimmermann erbauten Wieskirche. Daß all dies natürlich viel mit Tradition zu tun hat, verraten Weltereignisse wie die Oberammergauer Passionsspiele, die es immerhin schon seit 1634 gibt. Daß die ältesten Brauereien der Welt in oberbayerischen Klöstern zu finden sind, ist da fast schon selbstverständlich.
Herzstück des weißblauen Freistaates ist Deutschlands heimliche Hauptstadt, das „Millionendorf" München. Die Weltstadt mit Herz ist eine Stadt der Gegensätze, in der Schwabing ebenso wie Nymphenburg, das Hofbräuhaus ebenso wie die Frauenkirche, die Kunst ebenso wie das Bier und das Oktoberfest gleichberechtigt zu Hause sind. Glaubt man König Ludwig I., dann ist es eine Stadt, „die Teutschland so zur Ehre gereichen sollte, daß keiner Teutschland kenne, wenn er nicht München gesehen habe".

Superlatives are strung like pearls between Lindau and Königssee. The numerous churches and monastries along the way tell of the area's good relations with Heaven. Tradition plays a major role here: Oberammergau's Passion Plays have been staged since 1634. The world's oldest breweries are in Upper Bavaria's monasteries. Munich, Germany's secret capital, is located in the very heart of the Free State of Bavaria. In this city of contrasts, Schwabing and Nymphenburg, the Hofbräuhaus and the Frauenkirche are as much at home as the beer and the Oktoberfest.

Les superlatifs s'amoncellent entre Lindau et le Königssee. Le Baroque, qui empreint le paysage, marque également ses habitants, comme le montre le grand nombre d'églises et de cloîtres. Les jeux de la passion d'Oberammergau existent déjà depuis 1634. Il est donc presque tout naturel que les brasseries les plus anciennes se trouvent dans les cloîtres de Haute Bavière. Le coeur de ce land est Munich, „le village d'un million d'habitants", une ville de contrastes. Et si l'on en croit le roi Louis I de Bavière, „personne ne connait l'Allemagne s'il n'a pas vu Munich".

Der berühmte „Malerblick" in der Ramsau: das Pfarrkirchlein mit der Reiteralpe • The famous, picturesque view in Ramsau: the small parish church with Reiteralpe • Le célèbre „point de vue des peintres" dans le Ramsau: la petite église paroissiale et le Reiteralpe

Rechts: Die Schloßkapelle auf der Insel Mainau im Bodensee steht inmitten eines Blütenmeeres • Right: The castle's chapel on the island of Mainau on Lake Constance is located amidst a sea of blossoms • A droite: La chapelle du château sur l'île de la Mainau dans le Bodensee est perdue au milieu d'une mer de fleurs

Unten: Die Insel Reichenau ist ein einziges, riesiges Gemüsebeet • Below: The island of Reichenau is one gigantic vegetable patch • Ci-dessous: L'île de Reichenau est un seul et immense jardin potager

Oben: Schloß Neuschwanstein ist der stein-
gewordene Traum des bayerischen Märchen-
königs Ludwig II. • Above: Neuschwanstein Castle
is the Bavarian fairy-tale king Ludwig's dream
made of stone • Ci-dessus: Le château de Neuschwanstein est le rêve devenu pierre du roi
Louis II de Bavière

Unten: Schloß Linderhof, versteckt in der Abge-
schiedenheit des Graswangtales • Below:
Linderhof Castle, hidden in secluded Graswang
Valley, was the private residence of King
Ludwig II • Ci-dessous: Le château Linderhof,
caché dans la vallée de Graswang, était
„l'appartement privé" du roi Louis II

Die Wallfahrtskirche St. Koloman bei Schwangau richtet ihren Turm wie einen mahnenden Finger gegen die Allgäuer Berge • The tower of pilgrimage church „St. Koloman", near Schwangau, rises as a finger of admonition against the Algäu Mountains • L'église de pèlerinage St. Koloman, près de Schwangau, érige sa tour, tel un doigt revendicateur, face aux monts de l'Allgäu

Oben: Im Winter bietet sich vom Gipfel der Zugspitze ein atemberaubendes Panorama über ein unendliches Gipfelmeer • Above: The peak of the Zugspitze offers a breathtaking view over a sea of mountain-tops in winter • Ci-dessus: L'hiver, le sommet du Zugspitze offre une vue à couper le souffle sur une mer de sommets infinie

Unten: Das Geigenbauerdorf Mittenwald duckt sich unter den schroffen Kalkwänden der westlichen Karwendelausläufer • Below: Mittenwald, a village known for violin making, ducks under the steep limestone walls of Karwendel's western foothills • Ci-dessous: Mittenwald, le village des fabricants de violons se tapit sous les murs de calcaire abrupts des contreforts ouest du Karwendel

Rechts: Die bayerischen Berge sind bei den Drachenfliegern ein beliebtes Flugrevier • Right: The Bavarian mountains are a popular site with hang-gliders • A droite: Les montagnes bavaroises sont un territoire privilégié auprès des amateurs de vol à voile

Unten: Deutschlands größte „Weltraumohren" stehen in Raisting am Südende des Ammersees • Below: Germany's largest radar installations are located in Raisting at the southern end of Lake Ammer • Ci-dessous: L'"oreille de l'espace" la plus grosse d'Allemagne se trouve à Raisting, à l'extrémité sud de l'Ammersee

Wahrzeichen des ehemaligen Benediktinerklosters St. Lambert in Seeon sind die beiden Zwiebeltürme der 1561 errichteten Kirche • The two onion towers of the church built in 1561 are the landmarks of the former Benedictine monastery of St. Lambert in Seeon • Les deux tours à bulbes de l'église édifiée en 1561 sont le symbole de l'ancien cloître de bénédictins de St. Lambert, à Seeon

122

Das Kloster Frauenchiemsee, malerisch mitten im Chiemsee gelegen, wurde im Jahre 761 von Herzog Tassilo gegründet • The monastery „Frauenchiemsee", located picturesquely in the middle of Chiemsee, was founded in 761 by Duke Tassilo • Le cloître Frauenchiemsee, situé au beau milieu du lac de Chiemsee, a été fondé en 761 par le duc Tasssilo

Die Burg Trausnitz, oberhalb von Landshut, ist die älteste noch erhaltene Stammburg der Wittelsbacher; bis 1542 diente sie als Residenz • Trausnitz Castle, above Landshut, is one of the oldest standing castles of the Wittelbach Family, it was the family residence until 1542 • Le château de Trausnitz, au nord de Landshut, est le siège des Wittelsbach le plus ancien et le mieux conservé. Il faisait office de résidence jusqu'en 1542

Das Kloster Niedernburg steht in Passau auf der Landzunge zwischen Donau und Inn auf altem Siedlungsgrund der Römer • The monastery Niedernburg is located in Passau on a headland between the rivers Danube and Inn • Le cloître Niedernburg se trouve à Passau sur la langue de terre séparant le Danube et l'Inn, une région autrefois occupée par les Romains

*Rechts: München, die Hauptstadt Bayerns, ist auch eine Stadt der Türme: von links Rathausturm, Türme und Kuppel der Theatinerkirche, Türme der Frauenkirche •
Right: Munich, Bavaria's capital, is also a city punctuated by towers: from the left, the Town Hall Tower and the Dome of the Theatinerkirche; the Towers of the Frauenkirche • A droite: Munich, capitale de la Bavière, est également une ville de tours. De gauche à droite: la tour de l'hôtel de ville, les tours et la coupole de la Theatinerkirche, les tours de la Frauenkirche*

*Unten: Münchens 5. Jahreszeit ist das Oktoberfest, das größte Volksfest der Welt •
Below: Munich's „fifth season" is the Oktoberfest, the world's largest public festival • Ci-dessous: L'Oktoberfest, la plus grande fête populaire du monde, est aussi la 5è saison munichoise*

Rechts: Die Patrona Bavariae entstand 1638 im Auftrag von Kurfürst Maximilian I. und ziert den Münchener Marienplatz • Right: The Patrona Bavariae was commissioned by Elector Maximilian I in 1638 and adorns Munich's Marienplatz • A droite: La Patrona Bavariae fut édifiée en 1638 sous l'ordre du prince Maximilian 1er et pare la Marienplatz de Munich • Unten: Am Fischbrunnen werden am Aschermittwoch die leeren Geldbeutel gewaschen • Below: On Ash Wednesday empty purses are washed at the Fischerbrunnen Fountain • Ci-dessous: Les porte-monnaie vides sont lavés dans la Fischbrunnen le mercredi des cendres

Berlin bleibt doch Berlin

Eine Stadt wie keine andere

Berlin ist die einzige deutsche Stadt, die „von allem, was man von ihr erwartet, jede Menge besitzt". Dies gilt für die „Berliner Luft" ebenso wie für Bauten, Boulevards und Grünanlagen, „Kreuzberger Nächte" und Kneipen. Wohl sind die Zeiten längst vorbei, als Berlin um 1900 zu den vier größten Städten der Welt zählte, doch selbst zwei Kriege, Teilung und die Mauer konnten der Stadt ihre Lebendigkeit nicht nehmen. Seit dem Ende der Teilung und dem Fall der Mauer gilt mehr denn je das Wort von der ständigen Erneuerung. Demnach ist Berlin eine Stadt, die „immer nur wird und nie ist". Geworden ist nach dem Krieg viel „Modernes", wie etwa das monströse Kongreßzentrum, die Kongreßhalle, die Philharmonie, der Palast der Republik oder der himmelstürmende Fernsehturm.

Selbstverständlich fehlt auch das notwendige Stück Erinnerung an das Gestern nicht. Charlottenburger Schloß, Siegessäule, Gedächtniskirche, Reichstag oder Spandauer Zitadelle gehören ebenso als Zeugen der Geschichte dazu wie Schloß Sanssouci draußen im schönen und sehenswerten Potsdam. Dennoch ist Berlin weniger die Stadt der großartigen Baudenkmäler als vielmehr der Museen. Eine wahre Welt für sich ist die 1841 durch königliche Order zu einem „der Kunst und der Altertumswissenschaft geweihten Bezirk" bestimmte Museumsinsel. Bei allem Weltstadtflair ist Berlin auch noch eine grüne Stadt geblieben. Wer einmal durch den Grunewald ging, über die Havelseen fuhr, im Wannsee badete, die dörfliche Stille von Düppel genoß oder auf dem Müggelsee segeln konnte, der ahnt etwas von der Vielfalt der Gesichter Berlins und stimmt vielleicht ein in den Wunsch von J. Ringelnatz: „Berlin, ich sehne mich in Dich. Ach komm mir doch entgegen!"

Berlin is the only German city that lives up to everyone's expectations. This is true of Berlin's air, its buildings, grand boulevards, parks, pubs and „Nights in Kreuzberg". But not even two wars, partition and "the wall" have dimmed Berlin's liveliness. And though the city sparkles with modern buildings, such as the gigantic Congress Centre, it is not lacking in memories.
Yet Berlin is not so much a city of great monuments, though, as it is of museums. And, though a true metropolis, Berlin is punctuated with living green.

Berlin est la seule ville allemande qui offre „tout ce dont on attend d'elle en abondance", que ce soit „l'air de Berlin", les monuments, les boulevards et les espaces verts, les nuits et les bars de Kreuzberg. Deux guerres, la division et le mur n'ont pas réussi à porter atteinte à la vitalité de la ville. Ses monuments historiques et ses musées rappellent le passé dans le Berlin moderne d'après-guerre. Cette métropole est restée une ville verte, et nombre sont ceux qui aiment à se promener dans la forêt de Grune ou à se baigner dans l'un des nombreux lacs.

Schloß Charlottenburg war einst die Sommerresidenz der preußischen Könige • Charlottenburg Castle was once the summer residence of Prussian kings • Le château Charlottenburg était naguère la résidence d'été des rois de Prusse

Rechts: Das Reichstagsgebäude wurde 1884 im Neurenaissancestil errichtet, durch Brandstiftung zerstört und nach dem Krieg wieder aufgebaut • Right: The Reichtag's building was erected in 1884 in Neo-Renaissance style. It was destroyed by arson and rebuilt after the war • A droite: Le bâtiment du Reichstag fut édifié en 1884 en style néo-renaissance; détruit par un incendie criminel, il fut reconstruit après la guerre

Unten: Das Brandenburger Tor, symbolträchtiges Wahrzeichen der geteilten Stadt, gehört heute wieder ganz Berlin • Below: Today, Brandenburger Tor, symbol of a separated Berlin, belongs to the whole city • Ci-dessous: La Brandenburger Tor, symbole d'une ville divisée, appartient à un Berlin aujourd'hui réunifié

Links: Die Philharmonie wurde bis 1963 von Hans Scharoun errichtet • Left: The Philharmonic Hall was built by Hans Scharoun in 1963 • A gauche: La philarmonie a été édifiée en 1963 par Hans Scharoun

Unten: Berühmte Bauwerke am Kurfürstendamm: Die Gedächtniskirche und das Europacenter • Below: Famous architectural monuments on Kurfürstendamm: the Gedächtniskirche and the Europacenter • Ci-dessous: Fameux monuments an Kurfürstendamm: l'église du souvenir et le centre européen

135

Glanzstück des Ägyptischen Museums ist die weltberühmte Nophretete • The world-famous „Nefertiti" is the highlight of the Egyptian Museum • La célèbre Néfertiti est le joyau du musée égyptien

Der Alexanderplatz, Berlins alter „Alex", wird heute von Hochhäusern und der Weltzeituhr dominiert •
Today, the Alexanderplatz (Berlin's good, old „Alex"), is dominated by high-rises • L'Alexanderplatz,
le vieil „Alex" de Berlin, est aujoud'hui dominée par les gratte-ciel et l'horloge universelle

Symbolträchtiges Spiel mit Bildern: der Dom spiegelt sich in der Fassade des Palastes der Republik •
Symbolic interplay of images: the cathedral reflected in the façade of the Palast der Republik • Un jeu en
images plein de symboles: le dôme se reflète dans la façade du Palais de la république

Im Viertel um die Nikolaikirche schlug das Herz der ersten Siedlung Berlins. Die Nikolaikirche stammt in Teilen noch aus der Gründungszeit der Stadt • People first began settling in Berlin in the quarter around the Nikolai Church. Parts of this edifice date back to the era when the city was founded • Le coeur de la première agglomération de Berlin battait dans le quartier de l'église St. Nikolai. La Nikolaikirche se compose encore d'éléments datant de la fondation de la ville

Rechts: Schloß- und Parkanlage von Sanssouci sind geprägt vom persönlichen Einfluß des Bauherrn Friedrich II. auf seinen Architekten Knobelsdorff • Right: The castle and parks of Sanssouci mirror the personal influence that its commissioner, Friedrich II, had on architect Knobelsdorff • A droite: Le château et le parc de Sanssouci sont empreints de l'influence personnelle du maître d'oeuvre Frédéric II sur son architecte Knobelsdorff

Unten: Das Chinesische Teehaus im Park von Sanssouci • Below: The Chinese Tea House in Sanssouci's park • Ci-dessous: Le pavillon de thé chinois dans le parc de Sanssouci

Auf Schloß Cecilienhof fand 1945 die geschichtsträchtige Potsdamer Konferenz statt • The historic Potsdam Conference was held at Cecilienhof Castle in 1945 • La conférence historique de Potsdam s'est déroulée en 1945 au château Cecilienhof

Die Orangerie im Park von Sanssouci entstand nach Ideen von Friedrich Wilhelm IV. • The Orangerie in Sanssouci's park was based on the ideas of Friedrich Wilhelm IV • L'orangerie, dans le parc de Sanssouci, est le résultat d'une idée de Friedrich Wilhelm IV.

Register